2REINOS EN CONFLICTO

UN REINO PERMANENTE

ROSA M PALMA
AUTORA

2REINOS

EN

CONFLICTO

UN REINO PERMANENTE

Una guía espiritual, que le ayudara a vivir una vida llena de abundante paz, salud, y libertad en Jesucristo.

ROSA M PALMA

AUTORA

CONTENIDO

TERCERA PARTE:

DEDICATORIA

Para mi Señor Jesucristo que es la fuente de todo poder, y el verdadero sustento de todos los sueños. Gracias Espíritu Santo por dirigir mis pensamientos a la realización de ellos.

A mi esposo Douglas, un hombre que ama a Dios; y que me apoya en el ministerio Pastoral. Su solidaridad me ha llevado a conocer más de Dios y a servirle con libertad. Gracias mi amor.

A mi hija, Mayra quien es un milagro de vida. Mi hija, Daniela mi dulce princesa, el favor de Dios está contigo. Mi hijo, Josué mi campeón, llegaras donde tú quieras hijo. Gracias mis amores por creer en mí.

A mis padres, que me guiaron por el verdadero camino que conduce a la salvación. Sus consejos y todo su apoyo de oración.

A mi padre espiritual, Rev. Juan Hernández, que con sus logros de liderazgo visionario, llego a inspirar los míos.

A uno de los muchos tutores que han dejado huella en mi vida y liderazgo, Rev. Joseph Scheffer por todo su apoyo.

A mi equipo de liderazgo de CAMINO DE FE. Gracias por su apoyo a la visión que viene del corazón de Dios.

Para los millones de personas en todo el mundo, que diariamente aspiran a creer en algo que pueda mejorar sus vidas y la de sus familias. Que a diario buscan una solución a sus necesidades. Que creen en el poder de Dios; al cual yo, también creo.

Rebosa mi corazón con palabra buena; Dirijo al Rey mi canto; Mi lengua es pluma de escribiente muy ligero.
  Salmos 45:1 (VRV1960)

Agradecimiento

Agradezco a mi Señor Jesucristo por darme el privilegio de compartir su Palabra.

A mí amigo, El Espíritu Santo, por guiarme, e inspirarme, y darme la revelación para a realizar la voluntad de Dios.

Sin la guía del Espíritu Santo nunca hubiese podido escribir ninguna palabra. Le he dado el control de mi corazón, mis pensamientos, mis palabras, mis manos y mis acciones, para que se revele a la vida de todos aquellos que deseen conocer a Dios.

Reconozco que no he podido lograr sola la realización de este libro. Desde hace 28 años que recibí a Jesús como Señor y Salvador de mi vida, y desde entonces he querido ser una pluma con la que él pueda escribir en la vida de todas aquella personas con las que he tenido la oportunidad de relacionarme. Todos y cada una de esas personas han aportado una parte en la formación del carácter de Cristo.

A mis padres por todos sus consejos y enseñanzas. Gracias ustedes son mi inspiración.

A mí esposo Douglas, somos un equipo en la obra de Dios.

A mis hijos, Mayra, Daniela, Josué. Gracias por su comprensión

A mi hijo en la fe; Marlon A Zaldívar, reconozco todo el aporte técnico y de revisión a la realización de esta obra. **Tú eres testigo de las maravillas de Dios.**

A mí amada; hermana, Ana Yanira López Merino, por todo su apoyo en la revisión de esta obra. Valoro mucho su aporte. **Ella es testigo** de las maravillas que Dios ha hecho y sigue haciendo en la vida de las personas. Gracias

A mí amado hijo en la fe; Rudy A López, gracias por dejarte guiar por El Espíritu Santo. **Tú eres uno de los testigos de Jesucristo; en esta generación.**

Reconozco que sin el apoyo de mi equipo de liderazgo, nada de esto hubiese sido posible.

CAMINO DE FE, Gracias por todo su apoyo a la obra de Dios.

INTRODUCCION

Las noticias que escuchamos por los medios de comunicación, nos dejan asombrados, el índice de violencia que gobierna en nuestros vecindarios, ciudades, y naciones nos dan evidencia de quien reina en este mundo.

Cada día vemos como la maldad se multiplica, se ha devaluado al ser humano de tal manera que resulta increíble que otros nos den el valor merecido.

Sentí tanta indignación al descubrir en las noticias, la historia de una niña de ocho años, que murió en "el cumplimiento de su deber conyugal" desgarrada vaginalmente por "su esposo de 40 años." Es imposible de aceptar este tipo de barbaridad, pues, creo que solo una mente en tinieblas es capaz de planear y ejecutar un acto tan violento y degradante para nuestra sociedad.

El informe de noticias en Telemundo 48, anunciaba que la depresión ha sido la causa de tantas muertes entre los jóvenes. Tanto en México como en El Salvador, las estadísticas de muerte por causa de la depresión han aumentado en los últimos 3 años. Los jóvenes buscan soluciones rápidas y drásticas, consumiendo drogas, cortándose las venas, o tirándose a la calle para luego ser atropellados por algún vehículo. La muerte ya no es temida sino deseada. Algunas personas viven bajo una condena de culpa; la muerte para ellos ya no es una condena es un descanso para sus almas.

Violencia por todos lados, guerras guiadas por el deseo de poder, abortos, divorcios, inmoralidad sexual, etc...

La buena noticia es que este reino no es permanente.

¿Nos dice algo el estado actual en el que vivimos?

¿Podemos paralizar al reino de las tinieblas?

Alguien escribió: " **El mal prospera cuando los buenos no hacen nada**"

Y que se supone que debemos hacer cuando se nos ha enseñado que respetemos el derecho ajeno? O que ¿cada quien decide vivir como quiere?

La verdad, es que si, nos hemos acostumbrado a ver tanta violencia y no hacemos nada, y ni siquiera sentimos compasión por los que sufren, significa acaso que ¿el amor por nuestro prójimo ha muerto?

Permítame decirle algo, quizá no podremos nosotros cambiar al mundo entero; pero lo que decidamos hacer hoy, dejara huella en nuestro entorno. Podemos cambiar nosotros para que nuestro mundo cambie. Cuando una persona decide hacer lo bueno, la maldad se paraliza.

Le invito a descubrir el poder de un reino que permanece en el corazón. Es el reino del amor, del gozo, de esperanza, y de libertad, lo único que necesita es fe. Usted tiene fe, y la fe es como una semilla, que hay que plantar en el lugar correcto. Es posible vivir en abundante gozo, paz, amor, esperanza, salud y abundancia, cuando el reino de Dios es establecido en el corazón.

Mi reino, no es de este mundo; si mi reino fuera de este mundo, mis servidores pelearían para que yo no fuera entregado a los judíos; pero mi reino no es de aquí.
Juan 18:36 (VRV 1960)

PRIMERA PARTE:

EL REINO DE DIOS

EL REINO DE DIOS

El Reino de Dios es promovido por Jesús en su fe y obediencia al Padre. El reino de Dios no es como uno terrenal con límites geográficos, no tiene fronteras es eterno. El Reino de Dios es un sistema de gobierno.

El reino de Dios es justicia, amor, esperanza, gozo, paz, poder, libertad, abundancia, salud... etc...

Es un sistema de gobierno justo, donde reina:

LA VIDA

<< Después me mostro un rio limpio de agua de vida, resplandeciente como cristal, que salía del trono de Dios y del Cordero. >>

Apocalipsis 22:1 (VRV 1960)

El agua de vida es símbolo de vida eterna. Jesús empleo ese mismo símbolo con la mujer samaritana (Juan 4:7-14) Describe la plenitud de vida con Dios y la bendición eterna que viene cuando creemos en Él y le permitimos satisfacer nuestra sed espiritual.

LA JUSTICIA

<< Porque Jehová es justo, y ama la justicia; el hombre recto mirara su rostro. >> Salmos 11:7

Como es el Rey es su reino. Jesús es justo; su justicia nos libra de pecado.

LA PAZ

<< La paz os dejo, mi paz os doy; Yo no os la doy como el mundo la da. No se turbe vuestro corazón, ni tenga miedo. >> Juan 14:27 VRV 1960)

La paz verdadera y permanente, es la que Cristo nos garantiza. Porque a paz fuimos llamados.

EL AMOR

<< El que no ama, no ha conocido a Dios; porque Dios es amor. >> (1 Juan 4:8 VRV 1960)

Dios no tiene amor, Él es el amor.

EL GOZO

<< En lugar de vuestra doble confusión y de vuestra deshonra; os alabaran en sus heredades; por lo cual en sus tierras poseerán doble honra. y tendrán perpetuo gozo.>> Isaías 61:7 VRV 1960)

El gozo eterno es parte del reino.

LA SALUD

<< En medio de la calle de la ciudad, y a uno y a otro lado del rio, estaba el árbol de la vida, que produce doce frutos, dando cada mes su fruto; y las hojas del árbol eran para la sanidad de las naciones.>> (Apocalipsis 22:2 VRV 1960)

Este árbol de la vida es semejante al árbol de la vida del huerto del Edén (Génesis 2:9 VRV 1960)   En una manera figurada quiere decir que gozaran de perfecta salud. (Comentario Bíblico William Mac Donald) La promesa no es solo para el futuro, el futuro es hoy, hay sanidad para el que cree.

LA LIBERTAD

<< Así que si el Hijo os libertare, seréis verdaderamente libres. >> Juan 8:36 (VRV 1960)

1. Jesús vino a pregonar libertad a los cautivos

2. Y vista a los ciegos

3. A poner en libertad a los oprimidos

La libertad que Cristo nos dio, es eterna; y todo aquel que cree en el Hijo de Dios vive libre de todo sufrimiento para siempre.

LA ABUNDANCIA

<< Mi Dios, pues, suplirá todo lo que os falta conforme a sus riquezas en gloria en Cristo Jesús. >> Filipenses 4:19 (VRV 1960)

Podemos confiar en que Dios suplirá siempre nuestras necesidades. Él nos proveerá todo lo que necesitamos, si nos falta ciencia, entendimiento y sabiduría, Él nos la dará. Salomón, le pidió a Jehová; sabiduría y ciencia:

<<Deme ahora sabiduría y ciencia, para presentarme delante de este pueblo; porque quien podrá gobernar a este tu pueblo tan grande>>

(2 Crónicas 1:10)

Salomón, era consciente que era hijo de un rey; y que ya era rico, pero que las riquezas que poseía y la responsabilidad de distribuirlas, necesitaba de una dirección sabia.

La ciencia. Es la información de todas las habilidades que necesitamos aprender.

El entendimiento. Es el entender los conceptos de la información recibida. Estoy segura que de esto usted no tiene carencia pues

Dios le ha dado inteligencia suficiente. Pero si le resulta difícil entender la información, pídale a Dios, como lo hizo Salomón.

La sabiduría. Conocer el tiempo correcto, el lugar y las personas apropiadas para aplicar dicha información.

Todos aquellos que hemos creído y recibido Jesús como Señor y Salvador; sabemos que somos hijos de un rey; por lo tanto herederos de las promesas.

El detalle es que muchas veces no "sabemos" como reclamar la herencia, y si la recibimos no sabemos cómo administrarla.

Nunca he visto a un hijo de un rey, viviendo como mendigo.

La pregunta sería ¿Es usted un hijo del Rey de reyes? si su repuesta es si, permítame hacerle otra pregunta: ¿Se siente usted como un príncipe? si su respuesta es sí, pero aún vive en pobreza, entonces aún necesita conocer quién es usted y quien es su Padre celestial.

Por eso mismo, es de gran importancia que todo creyente en Cristo; se empodere de sí mismo y crea que Dios desea que vivamos en abundancia.

Que si algo está faltando, no es porque Dios quiera que vivamos en pobreza, sino que en el "empoderamiento personal" descubrimos la grandeza de ideas que Dios puede darnos para crear las riquezas. La abundancia está dentro de nosotros mismos. Es necesario creer en Dios y creer en uno mismo, para la realización de las ideas. Dios va actuar cuando nosotros actuemos conforme a nuestra fe. Si nuestros pensamientos son de abundancia y de administrar sabiamente las riquezas, entonces creo que Dios no tiene ningún motivo para retrasar nuestras bendiciones.

LA HONRA

<< Digo que es el hombre, para que tengas de él memoria, y el hijo del hombre para que lo visites? Le has hecho poco menor que los ángeles, y lo coronaste de gloria y de honra. >>

Salmos 8: 4-5 (VRV 960)

¿Nos corono, Dios, de gloria y de honra?

Esto es real, sin embargo durante muchos años nos acompañó la pena y la contrariedad. La pena es:

- Una condena por algún delito cometido.
- Una prisión
- La pena de muerte

La condena para la humanidad.

<< Por que la paga del pecado es muerte, más la dadiva de Dios es bendición y vida eterna en Cristo Jesús Señor nuestro. >> (Romanos 6:23)

La prisión

El dolor, la tristeza, la soledad, el rechazo, la pobreza, las enfermedades, las deudas, el rencor, amargura

La pena de muerte

<< Por cuanto todos pecaron, y están destituidos de la gloria de Dios>> Romanos 3:23

Pena: condena o culpa

Una pena: Sentimiento de tristeza, producido por algo desagradable. El pasado puede que haya dejado huellas imborrables en el corazón. Cuando decide soltar ese sentimiento de tristeza, recibirá gozo y paz. Algo maravilloso ocurre cuando suelta la tristeza

La pena conduce al dolor por un padecimiento físico o emocional.

Las enfermedades a veces parecen un castigo de Dios; pero permítame decirle que esta pena me ha conducido a la presencia de Dios, en búsqueda de su favor y su misericordia. No con esto quiero decir que quiero que usted esté enfermo, sino que deseo explicarle, que la pena es una buena maestra, porque sabe a dónde dirigirnos.

Pena o lastima de desprendernos de algo. Renunciar a algo que nos gusta o que amamos es difícil, aunque eso que nos gusta es algo que nos causa daño. Quizá las personas, el empleo, o la adicción dañina "que ame" este impidiendo que la gloria de Dios se manifieste. En ocasiones como estas no tenga miedo y suéltese en las manos de la pena que ella le conducirá al lugar correcto, a la persona correcta, a Dios. Porque si renunciamos a algo que nos hace daño, la salud espiritual, emocional física y familiar va a mejorar gloriosamente.

 La pena y la contrariedad son excelentes maestras. Ellas siempre han parecido inaceptables, pero si en este momento escucha que alguien le dice dices que es hijo de Dios, pero está solo y abandonado, triste, enfermo, sin dinero, endeudado, su testimonio por los suelos.

Quizá perdió su crédito, a su esposa (o), su familia, su negocio, su empleo etc... Significa acaso que está caminando de la mano de la Pena y Contrariedad?

Si eso es así, permítame decirle que al final del camino la pena y la contrariedad se convertirán en favor de Dios y gloria.

Tengo buenas noticias para usted: Usted no necesita pagar por su condena, ni tampoco ir a prisión o pagar con pena de muerte, porque "Dios le corono de gloria y de honra" Nos está hablando en pasado; por lo tanto véase como ganador de su batalla, triunfador de su victoria.

A ordenar que a los afligidos de Sion
se les de gloria en lugar de ceniza, oleo
de gozo en lugar de luto, manto de
alegría en lugar de espíritu angustiado;
y serán llamados árboles de justicia,
plantío, de Jehová.

Isaías 61:3 (VRV 1960)

LA PÉRDIDA DEL REINO

<< Y vio la mujer que aquel árbol era bueno para comer, y que era agradable a los ojos, y árbol codiciable para alcanzar la sabiduría, y tomo de su fruto y comió; y dio a su marido, el cual también comió así como ella. >>

Génesis 3:6

<< Y dijo Jehová Dios: He aquí el hombre es como uno de nosotros, sabiendo el bien y el mal; ahora, pues, que no alargue su mano, y tome también del árbol de la vida, y coma y viva para siempre. >>

Génesis 3:22(VRV 1960)

<< Y lo saco Jehová del huerto del Edén, para que labrase la tierra de que fue formado>> (Génesis 3:23 VRV 1960)

<<Echo, pues, fuera al hombre, y puso al oriente del huerto del Edén querubines, y una espada encendida que se revolvía por todos lados, para guardar el camino del árbol de la vida. >> Génesis 3:24

La caída del hombre fue la causa de la pérdida del reino. Adán y Eva decidieron desobedecer a Dios, con esta acción le dieron el derecho a Satanás de reinar por medio del pecado. Si las consecuencias del pecado de Adán y Eva le parecen extremas, recuerde que el pecado que cometieron puso en acción la tendencia del mundo a la desobediencia a Dios.

Este es el motivo por el cual pecamos hoy: Todo ser humano que haya nacido, con la acepción de Jesús, posee la herencia d la naturaleza pecaminosa de Adán y Eva. El castigo de Adán y Eva reflejan con que seriedad Dios ve el pecado de cualquier clase.

La vida en huerto del Edén era como vivir en el cielo. Todo era perfecto, y si Adán y Eva hubieran obedecido a Dios podría haber vivido allí para siempre.

Pero después de desobedecer, Adán y Eva ya no merecían vivir en el paraíso, así que Dios los saco.

Si hubieran continuado viviendo en el huerto y comiendo del árbol de vida, habrían vivido para siempre, pero la vida eterna en un estado de pecado significa tratar de esconderse eternamente de Dios. Como Adán y Eva, todos nosotros hemos pecado y estamos separados de Dios, Sin embargo, nosotros no tenemos que permanecer separados de Dios. Dios creó un plan perfecto.

Y al ver las multitudes, tuvo
compasión de ellas; porque estaban
desamparadas y dispersas como
ovejas que no tienen pastor.
Mateo 9:36 VRV 1960)

UN PLAN PERFECTO

<< El Espíritu del Señor esta sobre mí, por cuanto me ha ungido para dar buenas nuevas a los pobres; Me ha enviado a sanar a los quebrantados de corazón pregonar libertad a los cautivos, y vista a los ciegos; a poner en libertad a los oprimidos; A predicar el año agradable del Señor. >>

(Lucas 4:18-19 VRV 1960)

La razón por la que Cristo nuestro Señor vino a la tierra a dar su vida en rescate por muchos, fue por amor. La compasión que Cristo manifestó en su venida, muerte y resurrección, y ascensión a los cielos; nos revela el amor ilimitado por la humanidad.

¿Quién anunciaría buenas nuevas?

¿Quién daría esperanza a la humanidad?

Jesús cito Isaías 61:1-2. Este pasaje describe la liberación de Israel del cautiverio Babilónico como un año de jubileo en el que se cancelaba todas las deudas, se liberaban los esclavos y se devolvían las propiedades a sus dueños originales (Levíticos 25)

Pero la liberación del cautiverio no trajo lo que el pueblo esperaba; todavía era un pueblo conquistado y oprimido. De ahí que Isaías quizá se refería a una era mesiánica futura. Jesús con audacia anuncio:

<< Hoy se ha cumplido esta Escritura delante de vosotros>>

Jesús se proclamó como aquel que haría que estas buenas nuevas sucedieran, pero de una manera que la gente era incapaz de entender.

Jesús había venido para afrontar los enormes problemas que han afligido a la humanidad a lo largo de la historia:

1. **La pobreza**. Para dar buenas nuevas a los pobres.

La humanidad estaba pobre espiritualmente y destinada a la muerte eterna. El destino de la humanidad estaba marcado por la pobreza espiritual en la que vivía. Carecían de la riqueza de la revelación de las Escrituras. Habían olvidado las promesas que Dios había anunciado por medio de los profetas.

2. **Dolor**. A sanar a los quebrantados de corazón
   1) El dolor del alma que operaba por medio de los sentimientos
   2) El dolor físico que operaba a través de las enfermedades
3. **Esclavitud.** A proclamar libertad a los cautivos.
   1) El pueblo era conquistado y esclavizado por sus propios pensamientos y sentimientos de pobreza.
   2) El pueblo era conquistado y esclavizado por el sistema político y cultural de otras naciones.
4. **Sufrimiento.** Y recuperación de la vista a los ciegos.
   1) Sufrían por la ceguera de entendimiento.
   2) La ceguera física era común entre el pueblo.

5. **Opresión.** A poner en libertad a los oprimidos. Según el diccionario El Pequeño Larousse. Opresión significa:
1. Acción o efecto de oprimir (2) Dificultad para respirar

Oprimir. 1) Hacer presión en una cosa (2) Someter por violencia, tratar con excesivo rigor (3) Provocar en alguien un sentimiento de molestia o angustia.

6. En resumen vino a. A proclamar un año favorable del Señor.

El amanecer de una nueva era para las multitudes gimientes y sollozantes de este mundo se presentó como a respuesta a todos los males que nos atormentan. Y esto es cierto tanto si se piensa en estos males en un sentido físico o espiritual.

¡CRISTO ES LA RESPUESTA!

La pobreza espiritual había llegado a su fin.
¡El Rey, vino lleno de gloria y esperanza para la humanidad!

Entonces dijo Dios: Hagamos al hombre a nuestra imagen y semejanza; y señoree en los peces del mar, en las aves de los cielos, en las bestias, en toda la tierra, y en todo animal que se arrastra sobre la tierra.
Génesis 1:26 (VRV 1960)

LA VERDADERA IDENTIDAD

<< Entonces dijo Dios: Hagamos al hombre a nuestra imagen y semejanza; y señoree en los peces del mar, en las aves de los cielos, en las bestias, en toda la tierra, y en todo animal que se arrastra sobre la tierra. >>   Génesis 1:26 (VRV 1960)

Nuestra identidad está basada en el plan divino de Dios. El saber que fuimos creados a semejanza de Dios y por lo tanto poseemos muchas de sus características, nos proporciona una base sólida para nuestra autoestima. Nuestro valor no se basa en posesiones, logros, atractivo físico. Se fundamenta en el hecho de haber sido creados a semejanza de Dios.

Fuimos creados para señorear

Señorear significa ejercer absoluta autoridad y control sobre algo. Fuimos creados para gobernar la tierra.

Dios dio a la humanidad una autoridad tremenda: estar a cargo de toda la tierra. Pero junto con la gran autoridad viene la gran responsabilidad.

Para exaltar el nombre de Dios, basta con mirar un poco de lo que él ha creado. La grandeza de Dios asegura el valor de la humanidad.

 Dios el Creador todopoderoso, cuida a su creación más valiosa: la humanidad.

Salmo 8

1 ¡Ho Jehová Señor nuestro,

Cuan glorioso es tu nombre en toda la tierra!

Haz puesto tu gloria sobre los cielos;

2 De la boca de los niños y de los que maman, fundaste la fortaleza, Acusa de tus enemigos, para hacer callar al enemigo y al vengativo.

3 Cuando veo los cielos, obra de tus dedos,

La luna y las estrellas que tú formaste,

4 Digo: ¿Que es el hombre, para que tengas de él memoria Y el hijo del hombre para que lo visites?

5 Le has hecho poco menor que a los ángeles,

Y lo coronaste de gloria y honra.

6 Le hiciste señorear sobre las obras de tus manos;

Todo lo pusiste debajo de sus pies;

7 Ovejas y bueyes y todo ello,

Así mismo las bestias del campo,

8 Las aves de los cielos y los peces del mar; todo cuanto pasa por los senderos del mar.

9 ¡Ho Jehová Señor nuestro,

Cuán grande es tu nombre!

SEGUNDA PARTE:

El reino de las tinieblas

Porque no tenemos lucha contra sangre y carne, sino contra principados, contra potestades, contra los gobernadores de las tinieblas de este siglo, contra huestes espirituales de maldad en las regiones celestes.
Efesios 6:12

El reino de las tinieblas

El reino de las tinieblas es un gobierno espiritual. Estos gobernantes malignos seres satánicos y príncipes de las tinieblas; no son personas sino Ángeles caídos a los que Satanás controla. No son simples fantasías, son reales. Enfrentamos un ejército poderoso que tiene por meta destruir la iglesia de Cristo.

El reino de maldad y de oscuridad. El abismo el valle de sombre y de muerte. Donde se reúnen los gobernantes de maldad. Tienen como soberano a Satanás, su territorio es la oscuridad las tinieblas. Tienen una constitución pacto entre ellos destruir a la humanidad. Tiene una comunidad de súbditos, y ejerce un gobierno invisible, principados, potestades, gobernantes, huestes de maldad.

Es el lugar de donde salen las órdenes de destrucción.

Tinieblas: En las Escrituras este término se usa con diversos sentidos:

1) Estado de la tierra antes que Dios dijera: " Sea la luz" (Génesis 1:2)
2) Ausencia temporal de la luz en la noche(Génesis 1:5)
3) Oscuridad extraordinaria traída por Dios (Éxodo 10:21)
4) Las tinieblas en cuyo seno Dios envolvía su gloria (Éxodo 20:21)
5) Estado de la muerte comparado con la vida natural (Job 10:21)
6) Tinieblas morales, el estado del hombre como consecuencia de la caída (Salmos 82:5)

Las tinieblas no solo simbolizan el pecado, sino también el no saber a dónde ir, o que hacer. Desconocer nuestro propósito es vivir en la ignorancia, y la ignorancia es como una venda en los ojos del entendimiento.

Cuando creemos en Cristo y nos unimos a su iglesia, estos seres vienen a ser nuestros enemigos y emplean todo tipo de maldad para apartarnos de Cristo y hacernos pecar otra vez.

Porque no tenemos lucha contra sangre y carne, sino contra principados, contra potestades, contra los gobernadores de las tinieblas de este siglo, contra huestes espirituales de maldad en las regiones celestes. >> (Efesios 6:12)

El conflicto es espiritual

Características:

- Es una batalla interior
- Son enemigos reales
- Enemigos invisibles
- Armas espirituales
- Alistamiento de soldados
- Una batalla de fe
- Requiere completa consagración

La batalla no es humana, un conflicto espiritual. Dependiendo del nivel espiritual en el que nos encontremos así será nuestro oponente.

Aunque estemos seguros de la victoria, debemos batallar hasta que Cristo venga, porque Satanás lucha constantemente en contra de todos los que están del lado del Señor Jesucristo.

Requerimos de poder sobrenatural para vencer a Satanás, y Dios nos lo puede dar a través del Espíritu Santo.

El príncipe de las tinieblas

El príncipe de este mundo es Satanás, un ángel que se rebeló contra Dios. Satanás es real, no simbólico y siempre está obrando contra Dios y los que le obedecen.

Satanás tentó a Eva en el huerto y la persuadió para que pecase; tentó a Jesús en el desierto y no logro persuadirlo para que cayese (Mateo 4:1-11) Satanás tiene gran poder, pero limitado.

La gente puede ser libre de su reino de oscuridad espiritual debido a la victoria de Cristo en la cruz. Satanás es poderoso, pero Jesús es más poderoso. La resurrección destruyo el poder mortal de Satanás (Colosenses 1:13)

PRINCIPADOS

Según el diccionario El Pequeño Larousse significa:

1. Titulo o dignidad de príncipe

2. Territorio sujeto a la potestad de un príncipe

"Y tienen por rey sobre ellos al ángel del abismo, cuyo nombre en hebreo es Abdón, Apolíon."
Apocalipsis 9:11

Es necesario reconocer que Satanás tiene poder, pero su poder es limitado. Veamos algunas cosas que se le permiten:

- Le es permitido afligir a los justos (Job 1:12)
- Afirma poseer autoridad sobre el mundo(Lucas 4:6)
- Los pecadores están bajo su dominio (Hechos 26:18)
- Ciega el entendimiento de los incrédulos(2 Corintios 4:3-4)
- Contiende con los santos (Efesios 6:12)
- Inspira milagros falsos(2Tesalinicenses 2:9)

Su obra perversa

- Tentar al desobediente
- Calumniar a los que temen a Dios(Job 1:9)

- Causar enfermedades(Job 2:7)
- Oponerse a los justos(Zacarías 3:1)
- Secar la buena semilla (Mateo 13:19)
- Sembrar la cizaña(Mateo 13:38)
- Arruinar el alma y el cuerpo(Lucas 9:42)
- Mentir(Juan 8:44)
- Incitar a los hombres al pecado(Juan 13:2)
- Hacer presa de los hombres (1 Pedro 5:8)

Satanás es el príncipe de las tinieblas y de este mundo, y opera por medio del pecado. Donde hay obediencia a Dios no puede obrar, porque la puerta es el pecado. Es por eso que constantemente lucha para hacer caer a los hijos de Dios.

Para vencer a Satanás es necesario la fidelidad absoluta a la palabra de Dios, y determinación de mantenernos lejos del pecado.

<< No hablare ya mucho con vosotros, porque viene el príncipe de este mundo, y el nada tiene en mí. >> (Juan 14:30 VRV 1960)

A pesar de que Satanás, el príncipe de este mundo, no puede vencer a Jesús (Mateo 4:1-11) muchas veces tubo la arrogancia de intentarlo. El poder de Satanás solo existe porque Dios le permite actuar. Pero como Jesús está libre de pecado, Satanás no tiene autoridad sobre él. Si obedecemos a Jesús y nos alineamos bien con los propósitos de Dios, Satanás no puede ejercer autoridad.

Cada, día, el príncipe de las tinieblas, hace planes para los hijos de Dios; mayormente aquellos que buscamos siempre hacer la voluntad de Dios. El dedica más tiempo y energía planeando en contra de aquellos que son oposición para sus planes. Cuando no logra hacer que los hijos de Dios desobedezcamos, envía a los enemigos más poderosos para paralizar la obra de Dios.

Planes de Satanás:

- ✓ **Duda**: Nos hace cuestionar la palabra de Dios y su bondad
- ✓ **Desaliento:** Nos hace dirigir la mirada hacia nuestros problemas y no hacia Dios.
- ✓ **Confusión:** Hace que las cosas malas nos parezcan atractivas para que las deseemos más que las cosas buenas.
- ✓ **Derrota:** Nos hace sentirnos fracasados.
- ✓ **Demora:** Nos hace posponer las cosas para que nunca las hagamos.

Jesús nos dice que Satanás ya fue juzgado, hay un veredicto que espera ser cumplido.

"EL príncipe de este mundo ha sido ya juzgado." Juan 16:11 (VRV1960)

"Y el diablo que los engañaba fue lanzado en el lago de fuego y azufre, donde estaban la bestia y el falso profeta; y serán atormentados día y noche." (Apocalipsis 20:10 VRV 1960)

El poder de Satanás no es eterno, se enfrentara a su condena. Empezó su obra maligna en la humanidad al principio, y la continua hoy; pero será destruido cuando sea lanzado en lago de fuego. El diablo será liberado del pozo del abismo " su prisión" Apocalipsis 20:7; pero nunca se la sacara del lago de fuego. Nunca más volverá engañar a nadie.

El gobierno de las tinieblas

<< Porque no tenemos lucha contra sangre y carne, sino contra principados, contra potestades, contra los gobernadores de las tinieblas de este siglo, contra huestes espirituales de maldad en las regiones celestes>> Efesios 6:12

Nuestros enemigos son:

> ➤ Principados
> ➤ Potestades
> ➤ Gobernadores de la tinieblas de este siglo
> ➤ Huestes espirituales de maldad

PRINCIPADOS

Según el diccionario El Pequeño Larousse significa:

1. Titulo o dignidad de príncipe

2. Territorio sujeto a la potestad de un príncipe

3. Pequeño estado independiente, cuyo jefe tiene el título de príncipe

4. Principados. Nombre dado al primer grado de la tercera jerarquía de los ángeles.

Estos gobiernos malignos seres satánicos y príncipes de las tinieblas, no son personas sino ángeles caídos a los que Satanás controla. No son simples fantasías, son reales.

Los nombres de algunos Principados:

- ✓ Orgullo
- ✓ Mentira
- ✓ Religión
- ✓ Idolatría
- ✓ Violencia

- ✓ Muerte
- ✓ Lascivia
- ✓ Avaricia
- ✓ Duda
- ✓ Pobreza

En el Nuevo Diccionario Bíblico Ilustrado " PRINCIPADOS" en griego significa archai: << principios>>. Se usa de la posición de aquellos que tienen el primer lugar como gobernantes entre los hombres. Sin embargo este término se emplea de modo especial para denotar a los poderes espirituales del mundo invisible, sean buenos o malos, fueron creados por el Señor , y él es la cabeza de todos ellos (Colosenses 1:16; 2:10) Algunos cayeron de la posición de confianza que les había sido asignada : no guardaron su primer estado o principalidad (Judas 6) Otros luchan en contra de la posición celestial de los santos (Efesios 6:12)

El Señor despojo a los principados en la cruz (Colosenses 2:16) y en su resurrección fue exaltado por Dios infinitamente por encima de todos estos poderes creados (Efesios 1:21; 3:10)

El profeta Daniel escribe en el capítulo 10:1-21, los acontecimientos de guerra en los cielos entre los

príncipes de Dios y los príncipes de las tinieblas.
Daniel 10:13

Entonces me dijo: Daniel, no temas; porque desde el día que dispusiste tu corazón a entender y a humillarte en la presencia de tu Dios fueron oídas tus palabras; y a causa de tus palabras yo he venido. Mas el príncipe del reino de Persia se me opuso durante veintiún días; pero he aquí Miguel, uno de los principales príncipes, vino para ayudarme, y quede allí con los reyes de Persia. Daniel 10:12-13 (VRV1960)

¿Quién es este príncipe que impidió por tanto tiempo la respuesta de la oración de Daniel?

Ya que el arcángel Miguel protector de Israel, es llamado al combate, debe tratarse de una potestad de ángeles maligna; alguien más fuerte que
<< un príncipe humano>>

León Wood, en su excelente comentario de Daniel, explica:

Debido a que Grecia también tendría un "príncipe" similar asignado a su debido tiempo. (Daniel 10:20), y el pueblo de Dios estaría bajo la jurisdicción de Grecia después que esta venciese a Persia, parece razonable la sugerencia de que Satanás suele asignar emisarios especiales para influir a los gobiernos contra el pueblo de Dios. Ciertamente este capítulo contribuye mucho en lo que respecta a la naturaleza de los conflictos entre las altas potestades en referencia al programa de Dios en la tierra.

<< Él me dijo: ¿Sabes porque he venido a ti? Pues ahora tengo que volver para pelear con el príncipe de Persia; y al terminar con él, el príncipe de Grecia vendrá. Pero yo te declarare lo que está escrito en el libro de la verdad; y ninguno me ayuda contra ellos, si no Miguel vuestro príncipe. >> (Daniel 10:20-21 (VRV1960)

La guerra en las regiones celestiales debía está dirigida contra Persia y después contra Grecia. Cada una de estas naciones iba a tener poder sobre el pueblo de Dios. Persia y Grecia estuvieron representadas por << príncipes demoniacos>>

¿Ángeles que gobiernan sobre la ciudad? estos son ángeles caídos y pertenecen al gobierno de Satanás. Así como cada ciudad tiene un gobierno y un representante político, militar y religioso.

Dios es Señor del pasado, del presente y del futuro, y todos sus hechos están registrados en el libro de la verdad, La Biblia.

Potestades

Una potestad es una autoridad, dominio, un poder.
Una potestad es una autoridad delegada.

Religión, ocultismo, hostilidad, adicciones,
inmoralidad sexual, pereza, racismo, materialismo,
liberalismo.

La manifestación de las tinieblas

Es de gran importancia reconocer que no siempre vemos a los espíritus (solamente si tiene el discernimiento de espíritus), pero lo más evidente son las manifestaciones que vemos a diario en las noticias, entre ellas están:

Asesinatos, suicidios, peleas callejeras, guerras, muertes, ritos ocultistas, drogadicción, alcoholismo, drogadicción, prostitución, homosexualismo, pornografía, abuso de sexual de menores, vagancia, robos, divorcios, odio, avaricia, codicia, rebeldía etc....

Las noticias nos confirman que el reino de las tinieblas continúa manifestándose. Nos sorprende ver como algunos niños, han asesinado a sus propios padres o algunos padres han tenido el valor de asesinar a sus hijos. ¿Esto nos alarma?

¿Y dónde quedan aquellos que apoyan el aborto?

1. Los que presentaron la propuesta de ley a favor del aborto
2. Los que aprobaron dicha ley
3. Los que cumplen la ley del aborto
4. Los que promueven el aborto

Todas las cosas son traídas de lo espiritual a lo físico. Las ideas surgen de acuerdo al reino al cual pertenecemos. Si es al reino de Satanás las ideas siempre serán malas aunque tengan la apariencia de ser buenas.

Es necesario ser conscientes que existe el reino de Dios y el reino de las tinieblas.

Solamente una cosa podemos hacer para paralizar, y declarar inoperante a las fuerzas espirituales de maldad. Esto es darle a Jesucristo el gobierno de nuestras vidas.

Oración

Señor Jesús, te entrego mi corazón y te doy el gobierno de mi vida. Te entronó en mi espíritu, mi mente, y en mis emociones, en mi voluntad, y en todo mi ser. Quiero que tu sea el Rey de mi vida, en mi matrimonio, en mi familia, en mi hogar, en mi ciudad y en mi nación, en el nombre de Jesús; amen.

<< A los suyos vino, y los suyos no le recibieron. Mas a los que le recibieron, a los que creen en su nombre, les dio potestad de ser hechos hijos de Dios. >>

Juan 1:11-12

<< Yo, la luz, he venido al mundo para que todo aquel que cree en mí no permanezca en tinieblas. >>
Juan 12:46 (VRV 1960)

TERCERA PARTE:

El Gobierno de los hijos de Dios

EL GOBIERNO DE LOS HIJOS DE DIOS

EL UNGIDO DEL SEÑOR

El Espíritu del Señor esta sobre mí, por cuanto me ha ungido para dar buenas nuevas a los pobres; Me ha enviado a sanar a los quebrantados de corazón pregonar libertad a los cautivos, y vista a los ciegos; a poner en libertad a los oprimidos; A predicar el año agradable del Señor. Lucas 4:18-19 (VRV 1960)

Identificándonos como hijos de Dios

Es de gran importancia identificarnos como hijos de Dios; para tomar por derecho las armas que Dios nos ha dado, y ejercer autoridad. Es necesario hacer conciencia de los derechos que tenemos por ser hijos de Dios. ¿Cómo sabemos que somos hijos de Dios?

1. Creer en Jesús; que él es el único camino a la salvación

2. Aceptarlo como Señor y Salvador
3. Pedirle perdón por todos los pecados
4. Recibir el perdón
5. Recibir al Espíritu Santo en el corazón
6. Confesar a Jesucristo como Señor y Salvador.

Oración

Señor Jesús yo_____ creo en que tú eres el verdadero camino que conduce a la salvación. Te acepto como Señor y Salvador; y te pido perdón por todos mis pecados. Me perdono a mí mismo, y perdono a todos los que me hayan ofendido. Recibo el perdón y le pido al Espíritu Santo que entre a mi corazón. Y que mi nombre sea escrito en libro de la vida. Yo_____ confieso a Jesucristo como Señor y Salvador de mi vida, amen.

¡Felicidades ahora usted es hijo de Dios!

"A los suyos vino, y los suyos no le recibieron. Mas a los que le recibieron, a los que creen en su nombre, les dio potestad de ser hechos hijos de Dios." Juan 1:11-12

Después de haber hecho la confesión de fe en Jesucristo; como hijo tiene todo el derecho de reclamar su herencia. También es necesario que asista a una iglesia donde le enseñen la Biblia, y descubra los dones o regalos que Dios ha depositado en usted. Es de gran importancia que asista a una iglesia donde enseñen quien es El Padre, El Hijo y El Espíritu Santo y sea guiado por un Pastor.

LOS DONES DEL ESPIRITU SANTO

Dios nos ha dado dones a fin de edificar a su iglesia. Para usarlos con eficacia, debemos:

1. Tener en cuenta que todos los dones y habilidades vienen de Dios.
2. Comprender que no todos tienen el mismo don
3. Saber quiénes somos y que hacemos mejor
4. Dedicar nuestros dones al servicio de Dios
5. Estar dispuestos a ponerlos al servicio de Dios con generosidad y sin exclusión.

Un don espiritual solo poseen los que han confesado a Cristo como su Salvador, el que cree en el Padre y en el Hijo recibe al Espíritu Santo; para edificación de la iglesia.

Dios no nos dió dones espirituales, como recompensa por la firmeza de carácter o madures espiritual, si no únicamente por gracia.

De manera que, teniendo diferentes dones, según la gracia que nos es dada, si el de profecía úsese conforme a la mediada de la fe; o si el de servicio en servir; o el que enseña en la enseñanza; el que exhorta, en la exhortación; el que reparte con liberalidad; el que preside, con solicitud; el que hace misericordia, con alegría. (Romanos 12:6-8)

Mientras se desarrollan los dones también se forman el carácter de Cristo que es la humildad, esto es por medio de la mansedumbre que significa moldeable, enseñable. Los dones no constituyen una recompensa por fidelidad y entrega espiritual, Dios da como él quiere y estime conveniente.

La voluntad de Dios es que cada creyente en Jesucristo; descubra sus dones con los que fue equipado, para cumplir con el propósito con el que fue planeado desde antes de su nacimiento. Es de gran importancia reconocer que los dones deben ser practicados en la forma apropiada como lo dice las Sagradas Escrituras (1 Corintios 12:1-11)

Hay diversidad de dones, pero en esta ocasión para darle una guía espiritual mencionare solo algunos que cuando operan juntos; realizan grandes milagros de sanidad y liberación.

El Don de descernimiento de espíritus

La persona que posee este don sabe si una actitud o comportamiento es de Dios, humano o satánico.

Explicación

Dios da este don para proteger a su pueblo, por eso la iglesia debe interceder para que este don sea dado a muchos dentro de la iglesia para desenmascarar las obras del diablo.

Ejemplos:

Pedro descubrió quien había inspirado a Ananías y a Safira en su comportamiento (Hechos 5:1-10) y quien inspiro a Simón el mago (Hechos 8:23)

Características de este don

- ✓ Descubre siervos satánicos
- ✓ Resiste planes del enemigo

- ✓ Discierne cuando es el momento oportuno para hacer un milagro (Hechos 3:1-10)
- ✓ Para diferenciar la doctrina (1 Timoteo 4:1-5)
- ✓ Para descubrir herejías (2 Pedro 1:3)
- ✓ Para desenmascarar(2 tesalonicenses 2:7)
- ✓ Para distinguir posesión u opresión (Mateo 4:24)
- ✓ Para libertar a los oprimidos (Lucas 13:10-17)

Peligros

- ✓ El no practicar este don con amor puede ser un problema.
- ✓ Quien tenga este don será atacado con vanagloria.
- ✓ El que tiene este don está expuesto a la crítica.

Consejos a desarrollar

- ➤ Es necesario un conocimiento profundo de la Palabra de Dios
- ➤ Este seguro de que su don haya sido confirmado y analizado por su Pastor.
- ➤ Esfuércese en su don con sensibilidad y amor.

El Don de hacer Milagros

Los creyentes que tienen este don son dotados para servir como herramientas humanas, en las manos de Dios; obran actos de poder y sobrepasan las leyes naturales.

Características del don

- ➤ Para liberación (Éxodo 14:15-16)
- ➤ Proveer en tiempos de necesidad (Éxodo 17:1-7)
- ➤ Para destrucción del enemigo (Josué 10:12-14)
- ➤ Revelar al verdadero Dios(1 Reyes 18:36-40)
- ➤ Para purificar alimentos envenenados (1 Reyes 18:36-41)
- ➤ Para confirmar promesas (2 Reyes 20:1-11)
- ➤ Situaciones inevitables (Mateo 8:23-27)
- ➤ Un cambio inmediato (Juan 2:1-11)
- ➤ Cuando los recursos humanos fallan (Juan 21:1-16)

Peligros

- ✓ Vanagloria por expectación

✓ Revelar exageraciones después de los hechos.

Consejos a desarrollar

Reflexione en la manera de comunicarlo en forma precisa, objetiva y sobria.

PALABRA DE SABIDURIA

Este don capacita a la persona para transmitir a otros como se puede aplicar conocimientos determinados en la mejor forma.

El don de sabiduría se diferencia del don de conocimiento, el que tienen el don de sabiduría se puede comparar con un médico que hace su diagnóstico y utiliza los conocimientos para cosas individuales, tampoco me refiero a la palabra de sabiduría, aludiendo a una percepción espontánea y sobrenatural, esto pertenece al campo del don profético.

Características del don

- ➢ Revela el plan de Dios (Génesis 41:14-36)
- ➢ Revela la voluntad de Dios (Efesios 3:3-6)
- ➢ Revela el futuro (1 Samuel 9:6-21)
- ➢ Para responder con certeza (Lucas 20:19-26)

  Peligros
  - ✓ Cuidarse de determinadas decisiones
  - ✓ Cuidarse de paternalismo ante otros
  - ✓ Cuidarse del orgullo

Consejos a desarrollar este don

- Estudiar casos individuales, para aprender a aplicar principios generales a diferentes situaciones, según el caso.
- Este dispuesto a invertir tiempo
- Formule preguntas que al interactuar encuentre la respuesta.

DON DE LIBERACION

La liberación de demonios es una capacidad especial Que Dios da a algunos miembros del cuerpo de Cristo. Los hace aptos para liberar a seres humanos de sujeciones demoniacas, por medio de la orden verbal en el Nombre de Jesús.

Explicación

A todo creyente le ha sido dado poder sobre los espíritus malignos. Marcos 16-15, pero el que sabe que tiene.

Consejos a desarrollar

➤ Pedirle a Dios el don de descernimiento para poder ejercer la expulsión demoniaca de una manera responsable.
➤ Hágase acompañar de personas de mayor experiencia
➤ Pida apoyo espiritual bajo la protección de la armadura espiritual (Efesios 6:1-17)

Peligros

✓ Es importante tener el don de descernimiento de espíritus para no causar daños

✓ Cuando estamos en continuos servicios de liberación vienes los ataques de Satanás hacia quienes estamos haciendo la guerra.

Consejos a desarrollar

- Para este servicio hágase acompañar de personas de mayor experiencia. Recuerde que Jesús envió a su discípulos, de dos en dos.
- Pida al Señor el don de discernimiento
- Pida apoyo espiritual bajo la protección de la armadura de Dios(Efesios 6:11-17)

EL DON DE CIENCIA

Porque a este es dada Espíritu palabra de sabiduría; a otro, palabra de ciencia según el mismo Espíritu. 1 Corintios 12:8

Sin embargo, hablamos sabiduría entre los que han alcanzado madurez; y sabiduría, no de este siglo, ni de los príncipes de este siglo, que perecen. 1 Corintios 2:6

Más hablamos sabiduría de Dios en misterio, la sabiduría oculta, la cual Dios predestinó antes de los siglos para nuestra gloria, la que ninguno de los príncipes de este siglo conoció; porque si la hubieran conocido, nunca habrían crucificado al Señor de gloria. 1 Corintios 2:7-8

Antes bien como está escrito:

Cosas que ojo no vio, ni oído oyó,

Ni han subido en corazón de hombre,

Son las que Dios ha preparado para los que le aman. 1 Corintios 2:9

Pero nos la reveló a nosotros por el espíritu; porque el espíritu todo lo escudriña, aun lo profundo de Dios. 1 Corintios 2:10

Los procesos de revelación, inspiración e iluminación se describen en los versículos 9 – 16. Nos dicen como estas maravillosas verdades fueron dadas a conocer a los apóstoles por El Espíritu Santo, cómo ellos a su vez, nos transmitieron estas verdades mediante la inspiración del Espíritu Santo, y cómo las comprendemos por la iluminación del Espíritu Santo.

Dios nos ha dado dones a fin de que podamos edificar

Consejos a desarrollar

- Dejarse guiar por El Espíritu Santo
- Confiar en El Espíritu Santo
- Obedecer al Espíritu Santo

Peligros

- Debe cuidarse de no confundir su imaginación con la palabra de ciencia.
- No exagerar los acontecimientos
- Cuidarse del orgullo

Es necesario para penetrar en el reino de las tinieblas donde Dios quiere mostrarnos aspectos claves que traerán una gloriosa libertad a las personas.

"Yo creo en el don de palabra de ciencia"

Hace algún tiempo estaba pasando por etapa muy difícil. Recuerdo que oraba y ayunaba buscando la dirección de Dios para tomar una decisión que sabía que afectaría   a mi familia e iglesia. Una tarde mientras estaba en el templo, atenta a la predicación; mientras un joven predicador nos transmitía el maravilloso mensaje de la Palabra de Dios. El Espíritu Santo me dio la respuesta que estaba esperando.

Yo, estaba con los ojos abiertos, y me mire sentada en una silla, encadenada de los pies y de las manos. El lugar era oscuro, solamente veía una pequeña luz sobre mi cabeza que provenía de una pequeña lámpara. Sentía mucho miedo, de estar en ese lugar, y de repente veo venir asía mi un hombre alto y fuerte, cubierto con una capucha negra en su cabeza. Se parao frente a mi burlándose, y diciendo: nadie vendrá por ti, estas sola, y me bofeteo. Luego venia otro hombre parecido al anterior, pero más grande; y me decía: "pobrecita tu", "no puedes salir", todos te han "abandonado", "nadie te respeta", "no tienes autoridad", cada palabra era una bofetada que me daba.

Luego venia otro hombre muy parecido al anterior, pero más alto. Me bofeteaba con más fuerza, y me decía:

¿Qué esperas para renunciar? ¿Hasta cuándo podrás soportar? "No tienes nada, "fracasaste, reconócelo", "renuncia", "acéptalo esto no es para ti"

Entre lágrimas y gritos, yo decía:

"Señor; Jesús, ayúdame, no sé cómo salir de este lugar."

En el mismo momento escucho una voz que me dice:

- La silla en la que te sentaste es la silla de la tortura
- Es la falta de perdón
- La luz sobre tu cabeza: "Yo soy la luz, que sigue alumbrando sobre ti, te guiare a tomar decisiones.
- La oscuridad, es la ignorancia en la que estabas. No sabias que hacer, ni a donde ir.
- Las cadenas. Prisiones de dolor, y depresión.

- Los verdugos son: la burla, la autocompasión, el espíritu de derrota.
- Tú, te sentaste en la silla de la tortura por voluntad propia
- Debes levantarte de esa silla, y sentarte en los lugares celestiales, que, Yo, prepare para ti. La silla que prepare para ti es una asilla para una reina.
- Debes perdonarte a ti misma, Yo te he perdonado.
- Cuando te levantes de esa silla, los verdugos no vendrán más a ti.

Inmediatamente me perdone a mí misma. El Espíritu Santo; me recordaba a Isaías 54, y declare la palabra de Dios que venía a mi memoria.

Porque tu marido es tu Hacedor; Jehová de los ejércitos es su nombre; y tu Redentor, el Santo de Israel; Dios de toda la tierra será llamado.

Porque como a mujer abandonada y triste de espíritu te llamo Jehová, y como a la esposa de la juventud que es repudiada, dijo el Dios tuyo.

Pero un breve momento te abandone, pero te recogeré con grandes misericordias. ISAIAS 54:5-7

Si alguno conspirare contra ti, lo hará sin mí; el que contra ti conspirare, delante de ti caerá. Isaías 54:16

Ninguna arma forjada que venga contra ti prosperará, condenaras toda lengua que se levante contra ti en juicio. Esta es la herencia de los siervos de Jehová, y su salvación de mi vendrá, dijo Jehová. Isaías 54:17

Después de haber obedecido al Espíritu Santo, tome decisiones que manifestaban la voluntad de Dios. He aprendido a practicar el don de Palabra de Ciencia, en lo sobrenatural. Más adelante le daré un poco más de información acerca del don de Palabra de Ciencia, ya que he escrito algunos testimonios para la gloria de Dios.

Por lo demás, hermanos míos, fortaleceos en el Señor y en el poder de su fuerza. Vestíos de toda la armadura de Dios, para que podáis estar firmes contra las asechanzas del diablo.
Efesios 6:10-11

TOMANDO LA AUTORIDAD

Luchamos en una guerra espiritual, todos los creyentes se ven acosados por los ataques de Satanás porque ya no pertenecen a su bando. Sin embargo, Pablo nos dice que usemos cada pieza de la armadura de Dios para resistir sus ataques y permanecer firmes aun en medio de los mismos.

<< Por tanto tomad toda la armadura de Dios para que podáis resistir en el día malo, y habiendo acabado todo, estar firmes. >>

Efesios 6:13

PIEZAS DE LA ARMADURA

<< Estad, pues, firmes, ceñidos vuestros lomos con la verdad, y vestidos con la coraza de justicia. >> Efesios 6:14

CINTURON = VERDAD

APLICACIÓN

Satanás lucha con mentiras y algunas veces parecen ciertas, pero solo los creyentes tienen la verdad de Dios; que puede derrotar las mentiras de Satanás.

CORAZA= JUSTICIA

APLICACIÓN

Satanás, a menudo, ataca nuestros corazones: el centro de nuestras emociones, autoestima y confianza. La aprobación de Dios es la coraza que protege nuestros corazones. El nos aprueba porque nos ama y envió a su Hijo para morir por nosotros.

<< Y calzados los pies con el apresto del evangelio de la paz. >>

(Efesios 6:15

CALZADO = Buena disposición para difundir las buenas nuevas

APLICACIÓN

Satanás quiere que pensemos que anunciar las buenas nuevas a otros es una tarea sin valor e imposible, la tarea es muy grande y la respuesta negativa demasiado. Pero el calzado que Dios nos ha dado es la motivación para continuar proclamando la paz verdadera que está al alcance en Dios; noticia que todos necesitan escuchar.

<< Sobre todo tomad el escudo de la fe, con que podáis apagar los dardos de fuego del maligno. >> Efesios 6:16

ESCUDO = FE

APLICACION

Lo que vemos son los ataques de Satanás en forma de insultos, contrariedades y tentaciones. Pero el escudo de la fe nos protege de los dardos de fuego que arroja el maligno. Con la perspectiva de Dios podemos ver más allá de nuestras circunstancias y tener presente que la victoria final es nuestra.

<< Y tomad el yelmo de la salvación, y la espada del Espíritu, que es la palabra de Dios;>>
Efesios 6:17

YELMO = SALVACION

APLICACION

Satanás quiere que dudemos de Dios de Jesús y de nuestra salvación. El yelmo protege nuestras mentes de poner en duda la obra salvadora de Dios efectuando a nuestro favor.

ESPADA = EL ESPIRITU DE LA PALABRA

APLICACION

La espada es la única arma ofensiva en esta lista de la armadura. Hay momentos cuando necesitamos emplear la táctica ofensiva contra Satanás. Cuando somos tentados, necesitamos confiar en la verdad de la Palabra de Dios.

Ninguno puede entrar en la casa de un hombre fuerte y saquear sus bienes, si antes no le ata, y entonces podrá saquear su casa.
Marcos 3:27

ATANDO AL HOMBRE FUERTE

<< Ninguno puede entrar en la casa de un hombre fuerte y saquear sus bienes, si antes no le ata, y entonces podrá saquear su casa>> Marcos 3:27

Salió entonces del campamento de los filisteos un paladín, el cual se llamaba Goliat, de Gat, y tenia de altura seis codos y un palmo.

1 Samuel 17:4

Y traía un casco de bronce sobre su cabeza, y llevaba un acota de maya; y era el peso de la cota cinco mil siclos de bronce. 1 Samuel 17:5

Sobre sus piernas traía grebas de bronce, y jabalina de bronce entre sus hombros.

1 Samuel 17:6

El asta de su lanza era como un rodillo de telar, y tenía el hierro de su lanza seiscientos ciclos de hierro; e iba su escudero delante de él.

1 Samuel 17:7

Y se paró y dios voces a los escuadrones de Israel, diciendo: ¿Para qué os habéis puesto en orden de batalla? ¿No soy yo filisteo, y vosotros los siervos de Saúl?

Escoged de entre vosotros un hombre que venga contra mí. 1 Samuel 17:8

Si el pudiere pelear y me venciere, nosotros seremos vuestros siervos; y si yo pudiere más que él, y lo venciere, vosotros seréis nuestros siervos y nos serviréis. 1 Samuel 17:9

Y añadió el filisteo: Hoy he desafiado al campamento de Israel; dame un hombre que pele conmigo. 1 Samuel 17:10

Venia, pues, aquel filisteo por la mañana y por la tarde, y así lo hizo durante cuarenta días.

1 Samuel 17:16 (VRV1960)

¿Quién es el hombre fuerte?

En los tiempos en que reinaba el rey Saúl, fue retado junto a su ejército, por aun hombre fuerte su nombre: Goliat. Media casi tres

metros de altura, llevaba puesto un casco y también una armadura de bronce que pesaba como cincuenta y siete kilos. Sus piernas estaban protegidas con placas de bronce, y en los hombros llevaba una jabalina. La base de su lanza era enorme, y su punta era de hierro y pesaba como siete kilos. Delante del iba su ayudante. 1 Samuel 17:4-7 (TLA)

Goliat representaba la fortaleza de Filistea. El hombre fuerte de Filistea amenazaba a Israel.

Y se paró y dio voces diciéndoles:

¿Para qué os habéis puesto en orden de batalla?

¿No soy yo filisteo, y vosotros los siervos de Saúl?

Escoged de entre vosotros un hombre que venga contra mí. Si él pudiera pelear conmigo, y me venciera, nosotros seremos vuestros siervos; y si yo pudiera más que él, y lo venciere, vosotros seréis nuestros siervos y nos serviréis. Y añadió el filisteo: Hoy yo he desafiado el campamento de Israel dame un hombre que pele conmigo.
(1 Samuel 17: 8-10 VRV1960)

La intimidación era su fortaleza.

Que frustrante para el rey Saúl y su ejército, escuchar las burlas de Goliat durante cuarenta días. No solo Saúl estaba intimidado, sino todo Israel.

¿Por qué se intimido el rey Saúl?

Para Israel, Goliat representaba la muerte, la derrota, la conquista, la vergüenza, burla, esclavitud.

No había en Israel un hombre que pudiera igualar en estatura, experiencia de guerra. Ciertamente, no había un hombre con esa estatura, pero si había un hombre con un corazón conforme al de Dios.

David nos da este ejemplo en 1 de Samuel 17

<< Y añadió el filisteo: hoy yo he desafiado al campamento de Israel; dame un hombre que pele conmigo>> 1 Samuel 17:10)

El gigante ató con palabras al pueblo de Israel. David desato con palabras las maldiciones de Goliat.

¿Quién es este filisteo incircunciso, para que provoque los escuadrones del Dios viviente? (1 Samuel 17:26)

Aunque permite a Satanás actuar en el mundo, Dios sigue en control de todo. Jesús tiene el poder de echar fuera demonios y poner fin a sus terribles obras en la vida de la gente. Y esa misma autoridad nos dió a sus hijos.

<< De cierto os digo que todo o que atéis en la tierra, será atado en el cielo; y todo lo que desatéis en la tierra, será desatado en el cielo. >> Mateo 18:18

La obediencia y la fe en Dios nos da la victoria en toda batalla, ya que la guerra no es nuestra es de Dios.

¿No es más bien el ayuno que yo escogí, desatar las ligaduras de impiedad, soltar las cargas de opresión, y dejar ir libre a los quebrantados, y que rompáis todo yugo?
Isaías 58:6 (VRV1960)

LIBERANDO A LOS PRISIONEROS

Un llamado especifico.

Recibí el llamado de parte del Espíritu Santo; diciéndome que convocara a todos los líderes oficiales de la iglesia, un domingo a orar y ayunar. El propósito de romper fortalezas.   La orden de Dios era específica:

1. Liberen a los presos encadenados injustamente.

2. Liberen a los esclavos

3. Dejen en libertad a los maltratados

4. Acaben con toda injusticia.

Recibí confirmación de Dios; cuando le pedí al Espíritu Santo que me dirigiera; El me guio a la biblia en el libro de Isaías 58:6

La mañana del día del ayuno, cuando estaba levantándome de mi cama, sentía fuertes dolores musculares y no entendía por qué. También tenía en mi pierna derecha un moretón como que me había golpeado en algo. Sabía que había soñado algo importante, pero no recordaba el sueño. Entonces le pedí al Espíritu Santo que me recordar el sueño y me diera su revelación. Ya que Dios desde hace mucho tiempo me ha concedió el don de los sueños, y me da su revelación con el firme propósito de edificar a su iglesia.

**<< Cosas que ojo no vio, ni oído oyó,
Ni han subido al corazón del hombre**

Son las que Dios ha preparado para los que le aman. >>   1 CORINTIOS 2:9

Una cosa que he aprendido es esperar en el tiempo de Dios.

Dios conoce lo más profundo del corazón.

"Pero cuando venga el Espíritu de verdad, él os guiara a toda verdad; porque no hablara por su propia cuenta, sino que hablara todo lo que oyere, y os hará saber las cosas que habrán de venir. Juan 16:13

<< Mira que te he puesto en este día sobre naciones, para arrancar y destruir, para

arruinar y derribar, para edificar y para plantar. >> Jeremías 1:10

Acuerdo entre los guerreros de oración

Lo primero fue ponernos de acuerdo un grupo de cinco líderes. Hicimos un pacto de prudencia y discreción. Todo lo que habláramos en ese cuarto de oración seria únicamente con propósitos de identificar, atar, arrancar, destruir fortalezas. Identificamos algunas fortalezas con las que habíamos batallado en casos anteriores, y continuamos atando, arrancando y destruyendo, edificando y plantando.

Estos son los nombres de algunos espíritus identificados:

Avaricia espiritual	Desidia **Religión**	Letargo
Adicciones **Rechazo**	Depresión	Lascivia
Amor frio **Resentimiento**	Desanimo	Machismo
Arrogancia **Soberbia**	Falta de perdón	Manipulación

Celos	Fornicación	Miedo
Suicidio		
Conformismo	Gula	Murmuración
Tormento		
Confusión	Hurto	Necedad
Tristeza		
Chisme	Inseguridad	Negligencia
Temor		
Duda	Inconstancia	Orgullo
Violencia		
Dolor	Ingratitud	Pereza

Nos asombramos de descubrir cuantos espíritus inmundos estorbaban el crecimiento espiritual de los creyentes.

En común acuerdo oramos intensamente por nuestra iglesia, nos vestimos con la armadura de Dios, y atamos al hombre fuerte. Cubrimos con la sangre de Cristo a nuestras familias y nuestro destino profético.

Guiada por El Espíritu Santo; delegue la responsabilidad de dirigir la intercesión cada uno de los líderes; de acuerdo con la dirección que había recibido de El Espíritu Santo.

Elegí a una hermana líder de nuestra iglesia a quien llamare Ana, "desató las ligaduras de la impiedad." (Impiedad: falta de piedad o compasión) La falta de compasión es un impedimento para dar y recibir el perdón y el amor de Dios. Por esta razón muchos incluyendo los hijos de Dios viven agobiados, llenos de amargura y dolor, porque no pueden perdonar la ofensa recibida. Por lo tanto no pueden perdonarse a sí mismos cuando ellos han ofendido.

La falta de perdón es una atadura que somete al dolor, el rencor, odio, venganza. Todo esto conduce a la muerte espiritual y física. Por eso vemos en nuestras congregaciones a muchos hermanos que no prosperan espiritualmente porque hay ataduras que desatar.

Dirigí a uno de los líderes a que desatara "ligaduras de impiedad."

A mi tutor, amigo y compañero El Espíritu Santo le pedí que dirigiera la oración e intercesión, y liberación de cada área de cautiverio en la vida de los miembros de nuestra iglesia.

La hermana oraba con una fuerza sobrenatural como nunca le había visto. Fue algo maravilloso porque El Espíritu Santo nos estaba revelando cosas que nunca habíamos visto.

Antes bien como está escrito:

**Cosas que ojo no vio, ni oído oyó,
Ni han subido al corazón del hombre**

Son las que Dios ha preparado para los que le aman. 1 CORINTIOS 2:9

Otro de los lideres a quien llamare Alex, "soltó las cargas de opresión" (Oprimir: Hacer opresión en una cosa. Provocar en alguien un sentimiento de molestia o angustia. DEPLI 2002) su intercesión fue tan apasionada que parecía que literalmente quitaba piedras grandes de la cabeza de las personas.

El siguiente líder a quien llamare "Antonio" " dejo ir libre a los quebrantados". Quebrantar: Hacer perder o debilitar el vigor, la fuerza o la resistencia. Ejemplo:

- Quebrantar la moral
- La salud,
- La economía
- La familia, etc...
  El dolor con el cual El hermano Antonio clamaba a Dios; fue tan evidente que expresaba el dolor de los maltratados. El

hermano, dejo clara evidencia que él también había sido quebrantado en algún tiempo, y esto permitía que intercediera con intensidad.

El siguiente líder a quien llamare Arsenio, " rompió yugos"

Yugo: ley y domino que somete y obliga a obedecer: estar bajo el yugo de un tirano. Cuando él creyente comete pecado quebranta la ley de Dios. Al quebrantar la ley de Dios; las personas son sometidas por el yugo de la esclavitud, y son obligados a pecar. Esta ley de domino somete y obliga a obedecer a Satanás. Por esta razón es necesario romper todo yugo de esclavitud.

Yugos de esclavitud:

- Adicciones
- Inmoralidad
- Violencia
- Envidia
- El dolor
- El miedo
- La avaricia

- La decidía

El yugo de las adiciones, someten y obligan a las personas a adquirir malos hábitos, por ejemplo: beber bebidas embriagantes, ingerir drogas, comer demasiado, pornografía, fumar, comprar compulsivamente, juegos de azar, pornografía, etc...

El yugo de la inmoralidad somete y obliga a: a fornicar, adulterar, abusar sexualmente de otros, homosexualidad, lesbianismo.

El yugo de la violencia somete y obliga a: gritar, ofender, buscar pelea, golpear, asesinar, suicidarse etc...

El yugo de la envidia, somete y obliga a: enojarse, guardar resentimiento, odio e incluso cometer asesinatos.

El yugo del miedo, somete y obliga a: la inseguridad, rechazo, critica, al abandono de los sueños, renunciar a oportunidades de superación, etc...

El yugo de la avaricia, somete y obliga a: hurtar, robar, codiciar, defraudar, estafar, negar la generosidad, mentir etc...

El yugo de la decidía, somete y obliga a: descuidar, a ser negligentes, irresponsables, morosos etc...

Cuando los yugos se rompen el pecado sale a la luz. El pecado puesto en evidencia debe confesarse y renunciar para obtener libertad.

<<Si confesamos nuestros pecados, él es fiel y justo para perdonar nuestros pecados, y limpiarnos de toda maldad. >> 1 Juan 1:9.

Después de orar con una fe sobrenatural, creímos en nuestro corazón que Dios ya había respondido a nuestras oraciones.

TESTIMONIOS VERDADEROS
VIDAS TRANSFORMADAS

Agradezco a Dios Padre, por haber enviado a nuestro Señor   Jesucristo a dar su vida por nuestra salvación.

Agradezco a nuestro Señor Jesucristo por haber obedecido la voluntad de nuestro Padre, entregándose asimismo en rescate por muchos; y por haber enviado al Espíritu Santo para que sea nuestro compañero, nuestro maestro y guía; él es quien nos guía toda verdad. Gracias Espíritu Santo, por guiarme a realizar la obra que me fue encomendada.

También deseo agradecer a todos las personas que dieron su aprobación, para que pudiera publicar el testimonio de las grandes y maravillosas obras que Jesucristo sigue haciendo en la vida de todos aquellos que creen en él. Todas las personas de quienes a continuación presentare merecen todo mi amor, respeto y discreción.

A Dios sea la gloria por todos los siglos de los siglos.

El Testimonio
De Ángeles

Esperaba la respuesta del Espíritu Santo durante el día, pero no sucedió así, por la noche antes de dormir, El Espíritu Santo me dio la revelación por medio del don de Ciencia. Esta fue la revelación:

Me encontraba en casa de una hermana a quien llamare Ángeles; yo estaba en la sala de su casa cuando de repente vi venir de la puerta del garaje a un hombre con pies de cabra, y manos de hombre, sus palabras eran maldiciones contra mí. Me decía que me fuera de esa casa porque yo no tenía nada que hacer en ella. Yo me resistía a irme, porque Dios me enviaba a limpiar la casa, y no me iría hasta acabar de limpiar. Cuando el hombre con pies de cabra miro que yo no le obedecía, piso mis pies con sus patas y sentí un dolor tan fuerte que parecía que mis huesos se rompían. También puso una de sus patas sobre mi pierna derecha. Yo luchaba declarando la palabra de Dios.

Inmediatamente me postre en oración dándole gracias a Dios por darme la ciencia, el entendimiento y la sabiduría para llevar a cumplimiento la orden de Dios.

<< Entonces el secreto le fue revelado a Daniel en visión de noche, por lo cual bendijo Daniel, al Dios del cielo. Y Daniel hablo y dijo: sea bendito el nombre de Dios de siglos en siglos, porque suyos son el poder y la sabiduría. El muda los tiempos y las edades; quita reyes y pone reyes, da la sabiduría a los sabios y la ciencia a los entendidos. >> Daniel 2:19-21

La orden me fue dada, pero necesitaba saber cuándo. Dos días después Dios me confirmo. Estando en una reunión de Damas, la hermana Ángeles asistió y en el momento de la ministración de la Palabra de Dios; ella fue quebrantada y en su llanto confesaba todo lo que estaba sucediendo en su casa, confirmando así lo que Dios me había revelado en sueños. Inmediatamente acorde con hermana Ana asistir el siguiente día a casa de hermana Ángela.

Llegado el día estuvimos orando por la mañana, y por la noche estábamos orando en casa de Ángela y su familia. Convoque a oración a todos los presentes, iniciando con alabanza, ya que la alabanza es un arma de guerra.

Después a confesar a Jesús como Señor y Salvador, luego a confesar sus pecados. Recibieron el perdón, luego les dije que cerraran las puertas que le habían abierto a Satanás, cerrar las puertas significa renunciar al pecado.

Después de la confesión de pecado, hubo un ambiente de hostilidad. Inmediatamente les dije que tomaran la armadura de Dios; y tomaran las promesas escritas.

<< Porque no tenemos lucha contra sangre y carne, sino contra principados, contra potestades, contra los gobernadores de las tinieblas de este siglo, contra huestes espirituales de maldad en las regiones celestes. >> Efesios 6:12

<<Por tanto, tomad toda la armadura de Dios, para que podáis resistir en el día malo y habiendo acabado todo, estad firmes>> Efesios 6:13

<<Estad, pues, firmes, ceñidos vuestros lomos con la verdad y vestíos con la coraza de justicia, y calzados los pies con el apresto del evangelio de la paz. Sobre todo tomad el escudo de la fe con que podáis apagar todos los dardos de

fuego del maligno. Y tomad el yelmo de la salvación, y la espada del espíritu, que es la palabra de Dios>> Efesios 6:14-17

<< Ninguna arma forjada que venga contra ti prosperara, y condenaras toda lengua que se levante contra ti en juicio. Esta es la herencia de los siervos de Jehová, y su salvación de mi vendrá, dijo Jehová. >> Isaías 54:17

<< Y pelearan contra ti, pero no te vencerán; porque Yo estoy contigo, dice Jehová, para librarte. >> Jeremías 1:19

Hermana Ana, declaraba, la palabra de Dios y yo reprendía al enemigo, mientras esto sucedía me fue revelado el nombre de "un principado ", que habitaba en la casa. Era la imagen de una mujer vestida de negro con su vestido cubría toda la casa, su nombre y rango "principado de muerte"

Le até en el nombre de Jesús, y le ordené salir fuera de esa familia y de la casa. Justamente en ese momento se sintió un escalofrió como una sombra que paso entre los que estábamos orando.

La hija de Ángeles lloraba muy asustada, me acerque a ella y le pregunte si había sucedido algo así anteriormente, ella me dijo que desde hace mucho tiempo ella no puede dormir porque se siente observada por alguien, y que tiene mucho miedo, e incluso había pensado en suicidarse. También hace algunos días por la noche rompieron el vidrio de la ventana de su cuarto.

Ore por ella y la guie a renunciar al espíritu de suicidio y de miedo.

También hable con el hijo de Ángela y definitivamente el confirmo lo que en sueños había visto. Me dirigí al garaje de la casa y sucedió algo sobrenatural, todo mi cuerpo se estremeció y los que estaban orando conmigo también sintieron lo mismo.

Desaté protección sobre mí, y las personas que habitaban en esa casa, cuando hice esto El Espíritu Santo me revelo que en ese lugar había una persona más.

Le pedí al Espíritu; que por medio del don de ciencia me diera el conocimiento de lo que había en ese lugar.

El Espíritu Santo me dijo que mirara arriba de mi cabeza, levante mi mirada y literalmente mire a un joven de aproximadamente 19 años de edad acostado en el ático del garaje.

Estaba cómodo y no quería irse e incluso me miro con una mirada tierna queriendo manipular mis sentimientos.

El Espíritu Santo me revelaba que ese joven vivía en ese lugar desde los años 1,940, que su madre lo escondía en ese lugar, porque el joven sufría de retraso mental, y sus padres se avergonzaban de él. Y lo escondían en ese garaje. Fue en ese lugar donde el joven se suicidó, el espíritu de muerte se había posicionado de ese lugar, y operaba por medio del miedo que causaba en los habitantes de la casa.

Le ordene que se fuera en el nombre de Jesús; le advertí que esa casa tenía otros dueños y que por lo tanto debía irse al lugar donde pertenece. Las personas se estremecieron cuando el espíritu inmundo salía. Desate paz en ese mismo lugar y le cerré la puerta al espíritu de muerte y al espíritu de miedo. Desaté espíritu de vida, espíritu de poder, de amor y dominio propio; y desaté paz en el nombre de Jesús.

<< Porque no nos ha dado Dios espíritu de cobardía, sino de poder, de amor y de dominio propio>> 2 Timoteo 1:7

Le dije a la familia que era necesario que se afirmaran en los caminos de Dios, pues Dios una vez más había hecho un milagro sobrenatural; para que sigan creyendo y dando testimonio de Jesucristo como su Señor y Salvador. Todos estaban maravillados de ver la gloria de Dios en su casa.

El esposo de Ángeles confirmaba que cuando ellos compraron la casa en el reporte de la propiedad les hacía saber lo que había sucedido en 1,940. Un joven de 19 años, que sufría de retraso mental, se suicidó en el garaje de la casa. Por supuesto que Ángeles no sabía este dato, su esposo no quiso decírselo para no asustarla. También dijo que el primer año en el que ellos se acababan de mover a la propiedad, un hombre que venía manejando un auto, se estrelló en el jardín de su casa, y que por poco entra hasta la sala, y que inmediatamente murió de un paro cardiaco.

Este es uno de muchos testimonios que hemos visto como el don de ciencia ha sido de gran ayuda para liberación.

<< Y estas señales seguirán a los que creen, en mi nombre echaran fuera demonios; hablaran nuevas lenguas; tomaran en las manos serpientes; y si bebieren cosa mortífera, no les

hará daño; sobre los enfermos pondrán sus manos, y sanaran. >>

Marcos 16:17-18 (VRV 1960)

El Testimonio De Felicia

Nos reunimos nuevamente con los hermanos que forman parte del equipo de oración e intercesión.

Había llegado a mis manos una petición de oración, por una mujer que sufría depresión por más de 43 años. No le conocía personalmente, pero el día que nos reunimos a orar y ayunar me fue revelado su rostro. Era una mujer de pequeña estatura, su rostro redondo y sus ojos pequeños y redondos, su boca era tan pequeña. Me miraba con una mirada llena de auto-compasión, y cerraba su boca como diciendo no puedo hablar. Ella estaba cubierta con metal toda la parte de atrás de su cuerpo de la cabeza a sus pies.

Nos pusimos de acuerdo con el equipo de oración y oramos por la liberación de Felicia.

En oración El Espíritu Santo me decía que Felicia tenía un pasado muy doloroso, y que también su pasado tenía que ver con sectas y satanismo. Que también la auto- compasión, la manipulaba a ella y su familia. No puede hablar no porque fuera muda sino porque su autoestima estaba tan baja que sus palabras siempre eran negativas. Ella en verdad era pobre en espíritu.

Acorde una cita con Felicia para el siguiente día y le pedí a dos hermanas que me acompañaran. Antes de entrar a su casa le dije al Espíritu Santo que nos guiara como ministrar a esta mujer. La respuesta del Espíritu Santo fue: pregúntale ¿quieres ser sana? y eso fue todo, cada caso es diferente, pero en esta ocasión me sentía un poco desorientada.

Mientras caminaba del estacionamiento a la casa de Felicia, no podía concentrarme en la oración; pensaba que era porque estaba muy cansada. No era el cansancio la falta de concentración era ataque de Satanás, me bombardeaba con argumentos bastante aceptables diciendo: "como vas a ir a ministrar" si "estás muy cansada", inmediatamente El Espíritu Santo me recordó:

<< El da esfuerzo al cansado, y multiplica las fuerzas del que no tiene ningunas. >> Isaías 40:29

<< Pero los que esperan en Jehová, tendrán nuevas fuerzas, levantaran alas como las águilas; correrán, y no se cansaran, caminaran, y no se fatigaran. >> Isaías 40:31

Cuando llegamos a casa de Felicia, ella abrió la puerta y era exactamente como la había visto en oración.

Podía percibir pobreza, demencia, depresión, muerte, orgullo, odio, resentimiento.

Pasen dijo Felicia, pasamos a su habitación e inmediatamente comenzamos a orar. Después de atar al hombre fuerte, le pregunte a Felicia si ella había hecho la confesión de fe, ella dijo que sí, pero yo me asegure que la hiciera nuevamente. Ella confeso a Jesús como Señor y Salvador, y fue entonces cuando declaramos el gobierno de Cristo en Felicia, su familia y su casa. Le dije a hermana Ana, que tomara nota de todo lo que decía Felicia. Y fue entonces cuando le hice la pregunta ¿Felicia, quiere ser sana? Yo, misma no comprendía la pregunta, pues era obvio que necesitaba ser sana, sin embargo obedecía al Espíritu Santo.

Felicia, respondió por supuesto que sí; Dios sabe que sufro desde los 15 años, y que he estado internada en el hospital siquiátrico, y he sufrido mucho. Mientras ella hablaba contando su historia, yo le pregunte al Espíritu Santo porque ella sigue sufriendo, si ya habíamos ayunado y creído firmemente que Dios ya ha hecho un gran milagro. **Su respuesta fue " dile que se esfuerce".**

Entonces le dije a Felicia, El Espíritu Santo me ha dicho que usted debe esforzarse., ella dijo lo he intentado muchas veces y he vuelto a caer de nuevo en la depresión crónica. Yo, le respondí comprendo, y lamento mucho que no haya disfrutado la vida

Durante todos estos años; pero esta vez es Jesús ha visto su sufrimiento y le pregunta ¿quieres ser sana? porque él, le pide que se esfuerce y que disfrute la vida. Ella lloraba cuando escuchaba lo que le decía. Enseguida El Espíritu Santo me recordó un pasaje Bíblico que dice:

<< Y había allí una mujer que desde hacía dieciocho años tenía espíritu de enfermedad, y andaba encorvada, y en ninguna manera se podía enderezar. >> Lucas 13:11

<< Cuando Jesús la vio, la llamo y le dijo: Mujer eres libre de tu enfermedad. >> Lucas 13:12

<< Y puso las manos sobre ella; y ella se enderezo luego, y glorificaba a Dios>> Lucas 13:13

- Puse las manos sobre Felicia y le dije: "Felicia eres libre de tu enfermedad"

- Ella respondió feliz diciendo ¡Amen, soy sana en el nombre de Jesús!

Luego le dije que debía esforzarse y salir de su cuarto a disfrutar de la vida, y que diera testimonio de lo que Dios había hecho.

Felicia era esclava por "el yugo de la enfermedad" por lo tanto estaba siendo sometida y obligada a: la ansiedad, angustia, tristeza, desanimo, depresión, suicidio, desesperación, inestabilidad emocional, demencia etc...

Ella vivía en "una prisión de sufrimiento", toda su vida fue de sufrir enfermedades, violencia, insultos, golpes, rechazo, burlas, pobreza, olvido, separación familiar, divorcio, manipulación, pobreza, odio etc...

Dios libero a esta mujer de muchas cadenas que venía arrastrando del pasado. Arrastraba cadenas de violencia, divorcio, pobreza, brujería, idolatría, adicciones, rechazo, abandono, culpas, etc...

¿Si quería ser sana? Dios desea salvarnos, sanar, liberar, restaurar y llenar de paz, salud, amor, pero también nos ama tanto que respeta nuestras decisiones.

En el tiempo de la liberación de Felicia, El espíritu Santo me dio una revelación en cuanto al caso. Me decía que Felicia había sido entregada en una ceremonia satánica, que ella fue pactada y ofrecida como ofrenda a Satanás; por su madre, que ignorantemente la ofreció a cambio de que su esposo dejara de beber alcohol. Cuando le dije a Felicia acerca de esta revelación, ella quedo sorprendida y maravillada de lo que Dios estaba haciéndole recordar.

Lo maravilloso de esta revelación es que esto sucedió cuando ella era una niña, sin embargo, recordó cuando su madre la llevaba al lugar de la ceremonia y hasta el color de su vestido con el que fue ofrecida. También recordó que su madre le había contado como su padre había dejado de beber, pero nunca imagino lo que realmente había pasado en ese lugar.

Después de esta experiencia creo que Felicia conoció el poder de Dios para dar testimonio de sus maravillas.

¡Dios, es maravilloso; alabado sea su nombre!

EL CASO DE MACEDONIA

Recibí la llamada de una hermana miembro de nuestra iglesia diciendo que un familiar de ella le había llamado, pidiéndole con urgencia, que atendiera a una hermana de su congregación. Respeto mucho el territorio ministerial por esa razón pregunte si la Pastora de esta hermana a quien llamare "Macedonia" estaba de acuerdo que   ella viniera a recibir ayuda en nuestra iglesia, y su respuesta fue afirmativa.

Ese mismo día recibí a Macedonia en nuestra iglesia, cuando le vi ella estaba temblando y no podía permanecer firme. Lloraba angustiosamente gritaba pidiendo ayuda con desesperación.

 Inmediatamente llame a los hermanos que traían a Macedonia y les pedí que todos oremos pidiendo la guía de El Espíritu Santo.

Iniciamos cantando alabanza y declarando la Palabra de Dios, luego dirigí a todos los que me acompañaban a confesar a Jesús como Señor y Salvador. Confesamos nuestros pecados y recibimos el perdón de Dios.

Continúe atando al hombre fuerte en el nombre de Jesús, y desate protección para todos los hermanos presentes, sus familias y posesiones.

Entrone a Jesucristo en el corazón de las personas y en el lugar donde estábamos reunidos. También até al espíritu de temor, desaté espíritu valor, y poder sobre los hermanos que estaban ministrando conmigo.

<< Porque no nos ha dado Dios, espíritu de cobardía, sino de poder, de amor y de dominio propio. >> 2 T imoteo1:7

En el momento que estábamos orando, El espíritu Santo; me reveló posesión satánica, miré una mano con una pata y plumas de gallina, llenas de sangre. El Espíritu Santo me daba información de la raíz de todos los sufrimientos de esta mujer. El hombre fuerte que gobernaba en Macedonia tenía un rango superior su nombre era muerte.

El plan de Satanás era utilizarla para adivinar y luego matarla. Inmediatamente ate al espíritu de duda, y le ordene soltarla, también ate al espíritu de temor y le ordene salir en el nombre de Jesús.

Macedonia era una puerta abierta a los demonios ya que creía que las personas que estaban cerca de ella querían hacerle daño. Ella siempre esperaba el mal, la causa era porque había sufrido mucho que desconfiaba de todas las personas.

Después de atar al principado de muerte, y al espíritu de duda, ate y eché fuera en el nombre de Jesús; al espíritu de brujería, fue en ese momento que Satanás se manifestó hablando por la boca de Macedonia. Sus palabras eran en otra lengua maldiciendo, a Macedonia, y todos los que estábamos en oración, le ordene someterse a la autoridad de Dios, até al espíritu de venganza, y le ordené salir fuera en el nombre de Jesús; y declaré la Palabra de Dios.

<<Ninguna arma forjada contra ti prosperara, y condenarás toda lengua que se levanta contra ti en juicio. Esta es la herencia de los siervos de Jehová, y su salvación de mi vendrá, dijo Jehová. >> Isaías 54:17

Tan pronto declaramos la Palabra de Dios; Macedonia cayó al piso llorando y confesando a Jesús como su Señor. ¡Gloria a Dios!

Llene los espacios vacíos donde antes había duda declare llenura de fe, donde había deseos de muerte, vida, donde había miedo valor y poder de Dios. Cuando se fue de la iglesia ella salió alegre y sana y yo confié en que Jesucristo la había libertado.

Cuatro semanas después, ella, llamo para pedirme ayuda, estaba desesperada y se escuchaba muy mal, hice oración por ella y tome este caso con mucha responsabilidad. Cada caso es diferente, algunas veces Dios hace el milagro completo en el momento y otras veces por partes.

El día último de campaña que estábamos realizando en nuestra iglesia ella vino con mucha necesidad y recibió sanidad y libertad, en ciertas áreas, ella dijo que había una persona dentro de ella y se llamaba Jeremías. Dios me rebelo que ella había sido dedicada a Satanás.

Macedonia dijo que ella había acudido a un hombre que se anunciaba en la radio y que le habían hecho beber un té y le habían hecho una limpia con hierbas, y que el hombre le decía mírame a los ojos y le decía tu estas sana, pero ella pudo leer en su mente lo que él pensaba y él decía dentro de sí" con esta mujer hare mucho dinero me hare millonario". También dijo que escuchaba voces, y miraba a un hombre con vestido de negro y una anciana vestida de negro que la maldecía.

Macedonia estaba poseída por un espíritu de brujería, adivinación, espiritismo, necromancia, médiums. A continuación daré más una explicación más detallada acerca de lo que significan las posesiones.

Espiritismo: Ciencia oculta que tiene por objetivo provocar la manifestación de seres inmateriales, o espíritus, y entrar en comunicación con ellos por medios ocultos o a través de personas de trance hipnótico, llamadas médiums.

Médiums: Persona con poder de percibir realidades parasicológicas, y en un sentido más estricto y más clásico de percibir los mensajes de los espíritus.

Adivinación: Acción y efecto de adivinar

Adivinar: Predecir el futuro o descubrir las cosas ocultas

Espiritismo:

Ciencia oculta que tiene por objetivo provocar la manifestación de seres inmateriales o espíritus y entrar en comunicación con ellos por medios ocultos o través de personas en estado de trance hipnótico. (DEPLI 2002)

La historia de Macedonia dio inicio cuando fue violada por su novio y desde entonces ella sufría de ataques de pánico, esquizofrenia y estuvo diez meses en coma. En este caso es de gran importancia no confundir todo con lo espiritual, es necesario acudir a un médico que se ocupe de la parte física, y un sicólogo que se ocupe de la mente. Yo, le recomendé encarecidamente que fuera al médico.

Tratando la parte espiritual

Con la autorización de Dios y la ayuda de una hermana que recientemente venia de Centro América, fuimos a casa de Macedonia. Llegando a su casa nos dimos cuenta de lo que estaba pasando, ella no dormía porque tenía miedo de dormir. Fue entonces cuando El Espíritu Santo me decía que era

" el destructor" atamos al destructor y lo expulsamos en el nombre de Jesús. Le ordene a "destructor" manifestarse, en el nombre de Jesús; en ese momento el destructor nos gritaba y maldecía con palabras vulgares. Con autoridad le até, y le ordené soltar a Macedonia.

Cuando declaramos la palabra de Dios con autoridad; el destructor dijo: no me iré si ella no quiere, le dije a Macedonia que si ella quería ser libre que renunciara a destructor. Entonces ella dijo:

- No puedo porque tengo miedo
- Además, yo misma fui a ese lugar a que oraran por mí.
- Qué lugar es ase? le pregunte
- Es un lugar oscuro y hay muchas velas negras, y una tiene mi nombre, dijo ella.
- ¿Cuándo sucedió esto? le pregunte.
- Ella dijo hace más de 26 años

Macedonia había hecho un pacto satánico, en el altar mayor, así es llamado por los satanistas.

Le dije que renunciara al pacto, y que se perdonara así misma por lo que hizo. Después de haber renunciado y haberse perdonada; ella tenía fuerzas suficientes para renunciar a "destructor."

Seguimos orando, y cantando alabanzas de guerra. Mientras conversábamos en un tiempo de receso, Macedonia nos decía que un tiempo atrás la habían operado y el medico cometió negligencia y que se sentía con mucho dolor de estómago.

En ese momento El Espíritu Santo; me decía que "azote" era quien estaba operando en su sistema digestivo. Cuando mencione el nombre "azote" el espíritu inmundo se manifestó, y le sometía y obligaba a hablar en lenguas satánicas. Me miraba y decía:

- "tú no tienes autoridad para sacarme"
- ¿Quién te crees que eres? Me decia
- Le respondí: "te recuerdo que hace muchos años Jesús le dijo a una mujer, se libre de **"tu azote"**, así que ahora yo digo , en el nombre de Jesús; " mujer se libre de tu azote", azote suéltala e el

nombre de Jesús; y el demonio salió.

- Macedonia inmediatamente empezó a comer con mucho apetito.

Los médicos decían que ella sufría esquizofrenia. La doctora Ana Méndez nos comparte en su libro" Regiones de cautividad" su experiencia:

El Señor me rescato de un hospital psiquiátrico, donde mi alma quebrantada había quedado atrapada en pozos de los que parecía que no tenía salida. Era tan claro sentir cómo me iba hundiendo más y más en un hoyo profundo y oscuro. Ahí, las voces del diablo me atormentaban día y noche.

Las visiones de seres horribles me acosaban todo el tiempo. Noches enteras, mi espíritu y mi alma atrapadas veían las profundidades de un lugar desolado y terriblemente triste.

¡Eran pesadillas vividas!

Macedonia fue libre y se sentía paz en casa

Gracias doy a Dios por la victoria que Cristo nos dio.

<< Porque las armas de nuestra milicia no son carnales, sino poderosas en Dios para la destrucción de fortalezas, derribando argumentos y toda altivez que se levanta contra el conocimiento de Dios, y llevando cautivo todo pensamiento a la obediencia a Cristo. >>

2 Corintios 10:4-5

Llevando cautivos los pensamientos

<< Porque las armas de nuestra milicia no son carnales, sino poderosas en Dios para la destrucción de fortalezas, derribando argumentos y toda altivez que se levanta contra el conocimiento de Dios, y llevando cautivo todo pensamiento a la obediencia a Cristo>> 2 Corintios 10:4-5

Derribando argumentos:

1. Negar la existencia de DIOS
2. Niegan la deidad de Jesucristo

3. Niegan la validez de las Sagradas Escrituras.
4. Que contradicen la doctrina de Cristo.
5. Niegan la oportunidad de recibir el perdón de Dios.
6. Presentar pruebas en contra de la salvación o la condenación.
7. Presentar pruebas en contra de la resurrección de Jesús.
8. Niegan la segunda venida de Cristo.
9. Niegan la existencia del Espíritu Santo como la tercera Persona Divina de Trinidad.
10. Presentan a Jesucristo como profeta
11. Niegan la misericordia de Dios
12. Niegan la existencia del reino de las tinieblas.
13. Niegan la creación del ser humano a la imagen de Dios.
14. Apoyar la inmoralidad sexual
15. Aceptar el aborto como un tratamiento médico natural.
16. Promover adicciones para aportar a la economía.
17. Negar la corrección a los hijos.

La lista sigue, estos argumentos solo son parte de un ejemplo.

Toda altivez:

1. Rebelión
2. Arrogancia
3. Orgullo
4. Vanidad
5. Necedad
6. Vanagloria
7. Duda

Llevando cautivos los pensamientos:

1. La obediencia a Cristo
2. La humildad de reconocer a Cristo cómo Señor.
3. Mansedumbre, es decir a dejarse guiar, enseñar, discipular por Cristo.

En la declaración de este texto Bíblico encontramos la autoridad para luchar en contra de la duda y la rebelión. Esto es lo que sucede en la declaración de la Palabra de Dios:

1- Derribamos las fortalezas del razonamiento humano

2- Destruimos argumentos falsos

3- Destruimos obstáculos de arrogancia que impide que la gente conozca a Dios.

4- Capturamos los pensamientos rebeldes

5- Enseñamos a las personas a obedecer a Cristo

Cuando creemos en la Palabra de Dios; y accionamos en espera de los resultados la gloria de Dios se manifiesta dando evidencia poderosas.

La mente es el lugar donde ganamos o perdemos las batallas, si nuestra fe y pensamientos están en Cristo; fácilmente obedeceremos a su Palabra.

Cuando el espíritu inmundo sale del hombre, anda por lugares   secos, buscando reposo, y no hallándolo dice: volveré a mi casa de donde salí.
Lucas 11:24

Cerrando puertas

<< Cuando el espíritu inmundo sale del hombre, anda por lugares secos, buscando reposo, y no hallándolo dice: volveré a mi casa de donde salí. Y cuando llega la haya barrida y adornada. Entonces va, y toma otros siete espíritus peores que él; y entrados moran allí; y el postrer estado de aquel hombre viene a ser peor que el primero. >> Lucas 11:24-26

Una puerta es un acceso de entrada y salida.

Cuando los espíritus inmundos salen del lugar donde han vivido por años, es decir las almas y los cuerpos de las personas. No se dan por vencidos tan fácilmente, intentaran regresar de nuevo a la que era su casa. Esa casa, tenía puertas, por las que ellos entraban sin ningún problema, tenía la llave para entrar (la voluntad del ser humano). Algunas de las puertas pueden ser:

Puertas del Alma:

La mente

- Pensamientos. Constantemente somos atacados por pensamientos negativos. En la mente se ganan o se pierden batallas.
- Razonamiento. El razonamiento, siempre se opone a la obediencia a Dios. El razonamiento sometido a Cristo, guía a la sabiduría.

Las emociones puertas abiertas.

- **Puertas de las tinieblas.** Estas son puertas que se abren cuando el alma se niega a creer y entender. Esto conduce a la ceguera del entendimiento, es cuando las personas no saben tomar decisiones, no saben a dónde ir o que hacer, desconocen el propósito de su vida, saben que algo anda mal, pero no saben qué. En el mundo natural, las personas se ven así misma oprimidas y oscuras, todo es limitado en ellas; su visión, la forma de pensar, y aun la forma en que caminan y se mueven. Están atados por ligaduras invisibles. Son por lo general personas desordenadas, y esto siempre está ligado a las tinieblas.

Donde hay tinieblas siempre se manifestara en negligencia, decidía, irresponsabilidad.

<< No saben, no entienden, Andan en tinieblas; >> Salmos 82:5

- **Puertas de dolor.** Estas puertas se abren cuando el alma sufre un dolor profundo: la pérdida de un ser querido, la pérdida del empleo, la perdida de alguna vivienda, el rechazo, el abandono. Las traiciones, humillaciones, y ofensas conducen el alma quebrantada a la cautividad. Las almas son conducidas por medio del dolor a lugares de oscuridad tales como odio, venganza, de violencia, y de resentimiento, donde el alma es afligida y atormentada.

Puertas del cuerpo:

1. Los ojos
2. Los oídos
3. La boca
4. Los órganos sexuales

   El deseo entra por los ojos, y mayormente los malos deseos. Las cosas que vemos o escuchamos generalmente logran manipular a la acción.

   << Y vio la mujer que el árbol era bueno para comer, y que era agradable a los ojos, y árbol codiciable para alcanzar la sabiduría; tomo de su fruto y comió; y dio también a su marido, el cual comió así como ella. Génesis 3:6

Los órganos sexuales, Dios nos los dio con un propósito claro: "Reproducirnos", esto es lícito únicamente en el matrimonio.

El sentir placer en la relación sexual es un regalo que Dios nos otorgó, pero Satanás se ha encargado de confundir, someter, y obligar el alma y el cuerpo a cometer actos inmorales.

Es necesario, que cuando alguna persona haya cometido algún acto de inmoralidad, confiese su pecado delante de Dios, se perdone así misma, pida perdón a Dios, y reciba el perdón para que sea llena de paz. De esa manera se cierra la puerta a la inmoralidad sexual.

No es suficiente con despojarnos de lo malo, debemos llenarnos con poder del Espíritu Santo. Cuando somos llenos del Espíritu Santo, él nos convence de pecado, y nos guía a la renunciación. Por lo tanto, cerrar las puertas es un proceso, y en cada vez que hay renuncia al pecado, se cierran puertas, así cuando Satanás quiera entrar, no encontrara puertas abiertas.

Las puertas del pecado deben cerrarse para evitar un nuevo ataque del enemigo.

Yo seré para ella, dice Jehová, muro de fuego en derredor, y para gloria estaré en medio de ella.
 Zacarías 2:5 (VRV10960)

Levantando muros de protección

**<< Yo seré para ella, dice Jehová, muro de fuego en derredor, y para gloria estaré en medio de ella. >>
Zacarías 2:5 (VRV10960)**

Las ciudades antiguas generalmente estaban rodeadas de murallas para su defensa militar. En la época del Antiguo Testamento los muros de Jerusalén tenían 34 torres y ocho puertas. En tiempo de guerra los arqueros disparaban desde las torres y desde los muros echaban piedras sobre los atacantes (2 Samuel 11:20-24)

Cuando un ejército entraba a una ciudad y se apoderaba de ella, lo primero que hacía era destruir sus muros. La monarquía Hebrea terminó cuando los babilonios destruyerón los muros de Jerusalén (2 Crónicas 36:16)

La misión más urgente de Nehemías fuè reconstruirlos (Nehemías 1:3 ,2:8-20, 3:4, 6:15) pues los muros representaban protección.

Consientes de una realidad latente de necesidad en nuestra sociedad, y de la misión de proteger a cada persona que vive en nuestro vecindario, ciudad y nación, construyendo murallas de protección por medio de la oración. Las murallas según el diccionario EL PEQUEÑO LARROUSE" significa fortificación

Permanente de una plaza, fortaleza o territorio, y en particular recinto o línea continua cuando se los quiere distinguir de las otras exteriores.

Las murallas siempre han representado protección, por lo tanto proteger nuestro territorio es Bíblico.

¿Cómo levantar murallas de protección?

Recibiendo la salvación. Esto significa recibir a Jesús como Señor y Salvador

Tomando posición de hijo de Dios

<< Mas a todos los que le recibieron, a los que creen en su nombre les dió potestad de ser hechos hijos de Dios. >> Juan 1:12

Tomando el sacerdocio

<<Mas vosotros sois linaje escogido por Dios, para que anuncies las virtudes de aquel que os llamo de las tinieblas a su luz admirable. >> (1Pedro 2:5)

Sintiendo una genuina compasión por la humanidad (Ezequiel 22:30)

Tomando posición de guerreo de oración (Efesios 6:10-17)

La oración es el fundamento de los muro de protección.

La salvación por medio de nuestro Señor Jesucristo, nos protege de la muerte eterna; y eso debe causarnos gratitud es decir alabanza al todo poderoso. Las promesas son para sus hijos,

Nunca más se oirá en tu tierra violencia,
destrucción ni quebranto en tu territorio,
sino que a tus muros llamaras salvación, y a
tus puertas alabanza.
Isaías 60:18 (VRV196)

eternamente y para siempre.

BIBLIOGRAFIA

LA SANTA BIBLIA (versión Reina Valera 1960)

LA SANTA BIBLIA (Versión Lenguaje Actual)

DICCIONARIO EL PEQUEÑO LAROUSSE 2002 (DEPL2002)

COMENTARIO BIBLICO WILIAM MACDONALD

NUEVO DICCIONARIO BIBLICO ILUSTRADO (NDBI)

DICCIONARIO TEOLOGICO DE LA BIBLIA. WALTER ELWELL

Datos acerca de la Autora

La Autora, Rev. Rosa M Palma Jaco, estudio en El Centro de Estudios Ministeriales de la Iglesia del Nazareno, en la ciudad de San José, California. Fue ordenada como Ministro en Mayo del 2012, en la ciudad de Concord, California, U. S.A

Rev. Rosa M Palma, es pastor, líder espiritual y transformacional. En su ministerio ha guiado a muchos a encontrar libertad en Jesucristo.

La Rev. Rosa y su esposo Douglas Jaco, tienen tres hijos, Mayra, Daniela, y Josué. Pastorean la IGLESIA CAMINO DE FE, en la ciudad de Fremont, California, E.U.

Para contactar a la Autora.

Siéntase en libertad de contactarme a:
http://www.evolucion72.com

Rosapalma12@gmail.com

www.ingramcontent.com/pod-product-compliance
Lightning Source LLC
Chambersburg PA
CBHW060208070426
42447CB00035B/2844